The world of cars

世界名车图典

京京工作室 ⊛ 编绘

U0314179

化学工业出版社
·北京·

图书在版编目（ＣＩＰ）数据

世界名车图典 / 京京工作室编绘 . — 北京：化学工业
出版社，2015.8（2024.11 重印）
ISBN 978-7-122-24245-7

Ⅰ．①世… Ⅱ．①京… Ⅲ．①汽车 – 世界 – 图集
Ⅳ．① U469-64

中国版本图书馆 CIP 数据核字 (2015) 第 124045 号

策　　划：丁尚林　　　　　　装帧设计：史利平
责任编辑：史　懿　　　　　　责任校对：程晓彤
出版发行：化学工业出版社（北京市东城区青年湖南街 13 号　邮政编码 100011）
印　　装：天津裕同印刷有限公司
889mm×1194mm　1/20　印张 6½　2024 年 11 月北京第 1 版第 14 次印刷
购书咨询：010-64518888　　售后服务：010-64518899
网　　址：http://www.cip.com.cn
凡购买本书，如有缺损质量问题，本社销售中心负责调换。

定　　价：28.00 元

目录
Contents

 阿尔法·罗密欧/6

 阿斯顿·马丁/8

 奥迪/10

 宝马/12

 保时捷/14

 奔驰/16

 本田/18

 比亚迪/20

 标致/22

 别克/24

 宾利/26

 博速/28

 布加迪/30

 长城汽车/32

 大宇/34

 大众/36

 道奇/38

 法拉利/40

 菲亚特/42

 丰田/44

Contents

 福特/46

 福特雷鸟/48

 福特野马/50

 悍马/52

 红旗/54

 霍顿/56

 吉普/58

 捷豹/60

 凯迪拉克/62

 克莱斯勒/64

 兰博基尼/66

 蓝旗亚/68

 劳斯莱斯/70

 雷克萨斯/72

 雷诺/74

 莲花/76

 林肯/78

 铃木/80

 路虎/82

 玛莎拉蒂/84

 马自达/86

 迈巴赫/88

 迷你/90

 名爵/92

 欧宝/94

 讴歌/96

 奇瑞/98

 起亚/100

 日产/102

 萨博/104

 三菱/106

 世爵/108

 斯巴鲁/110

 斯柯达/112

 沃尔沃/114

 西雅特/116

 现代/118

 雪佛兰/120

 雪铁龙/122

 英菲尼迪/124

 中华/126

 索引/128

4C系
Alfa Romeo

汽车名片

汽车品牌：阿尔法·罗密欧
英文名称：Alfa Romeo
成立时间：1910年
总部地点：意大利米兰
生产公司：意大利阿尔法·罗密欧汽车公司
经营范围：高端汽车生产
主要车系：156系、Giulietta、GTV系

品牌历史

　　阿尔法·罗密欧是意大利著名的轿车和跑车制造商，创建于1910年，总部设在米兰。公司前身最早可追溯至1907年由Alessandre Darracq在米兰创建的一个汽车公司。

　　1916年，尼古拉·罗密欧入主该车厂，并将自己的家族姓氏融入到车厂名称中，从而成为今日的阿尔法·罗密欧。1986年公司被菲亚特集团收购。

159系
Alfa Romeo

超级性能

　　阿尔法·罗密欧由意大利著名设计师设计，造型优雅，性能超群，整体上充满了意大利贵族式的气息，虽不动声色，却丝毫难掩大气的风范，在世界车坛上享有很高的荣誉。

156系
Alfa Romeo

Tipo
Alfa Romeo

GTA系
Alfa Romeo

166系
Alfa Romeo

GTV系
Alfa Romeo

MiTo系
Alfa Romeo

Giulietta系
Alfa Romeo

跑车中的劳斯莱斯

DB7系
Aston Martin

汽车名片

汽车品牌： 阿斯顿·马丁
英文名称： Aston Martin
成立时间： 1913年
总部地点： 英国新港
生产公司： 阿斯顿·马丁有限公司
经营范围： 高端汽车生产
主要车系： One-77系、DB9系、DB7系、DBS系、Rapide-1、Rapide-2

品牌历史

阿斯顿·马丁原是英国豪华轿车、跑车生产厂。建于1913年，创始人是莱昂内尔·马丁和罗伯特·班福德。

1987年被美国福特公司收购。2007年，Prodrive公司以9.25亿美元的价格从福特手中购得阿斯顿·马丁。

Rapide-1
Aston Martin

Rapide-2
Aston Martin

超级性能

阿斯顿·马丁汽车车身坚固，拥有纯正的跑车血统，精致的做工和坚固的车身带给驾驶者更大的安全保障。

阿斯顿·马丁造型别致、精工细作、性能卓越，是运动跑车的代名词，被称为跑车中的劳斯莱斯。

Vanquish
Aston Martin

Virage-1
Aston Martin

Virage-2
Aston Martin

Vantage-1
Aston Martin

V12系
Aston Martin

V12系
Aston Martin

奥迪 ▶ 四圆环的荣耀

A3系
Audi

汽车名片

汽车品牌：奥迪
英文名称：Audi
成立时间：1910年
总部地点：德国英戈尔施塔特
生产公司：奥迪汽车公司
经营范围：高端汽车生产
主要车系：A1系、A2系、A3系、A4系、A5系、A6系、A7系、A8系、Q1系、Q3系、Q5系、Q7系、R8系

品牌历史

　　奥迪汽车有着悠久的历史，在德国汽车历史上是早期出现的品牌之一。在1932年，奥迪确立四环车标，并成立了汽车联盟公司。

　　1910年，第一辆奥迪车出现在市场上，在1912~1914年公认为最艰难的汽车拉力赛中，奥迪连连夺冠，被世人熟知。

A6系
Audi

Q7系
Audi

超级性能

　　奥迪是著名国际豪华轿车品牌，种类很多，型号齐全。在技术层面、性能、经济性和环保性方面都有卓越成就。只要轻微加速，就有强大的推动力。

　　奥迪汽车首先使用了空气过滤器，并且率先应用了液压四轮制动系统。

Q7-2系
Audi

TTS系
Audi

A1系
Audi

A7系
Audi

S5系
Audi

A4系
Audi

6系
Bayerische Motoren Werke AG

汽车名片

汽车品牌:	宝马
英文名称:	Bayerische Motoren Werke AG
成立时间:	1929年
总部地点:	德国慕尼黑
生产公司:	巴伐利亚机械制造厂股份公司
经营范围:	高端汽车生产
主要车系:	1系、3系、5系、7系、X系、M系、Z系

品牌历史

　　宝马汽车公司的前身是一家飞机工厂，于1919年成立。1923年，第一辆宝马摩托车问世。1928年，宝马收购了埃森那赫汽车厂，并开始生产汽车。宝马的标志图案是公司所在地巴伐利亚州的州徽，巴伐利亚州的州旗是蓝白相间的，目的是显示宝马具有巴伐利亚的纯正血统。

7系
Bayerische Motoren Werke AG

X6
Bayerische Motoren Werke AG

超级性能

　　宝马公司长期贯彻明确的高档品牌策略，以高质量、高性能和高技术为目标，并准确把握消费者需求，适时推出新产品。因此，宝马汽车在国际市场上大受欢迎。

　　BMW在中国还诞生一种有趣的说法，在中文结合汉语拼音的情况下，BMW为"别摸我"的汉语拼音首字母的组合，象征此车尊贵无比，最好别摸。

i8
Bayerische Motoren Werke AG

M6
Bayerische Motoren Werke AG

5系
Bayerische Motoren Werke AG

3系
Bayerische Motoren Werke AG

Z4
Bayerische Motoren Werke AG

1系
Bayerische Motoren Werke AG

宝马

保时捷 > 超级动感跑车

卡宴
Porsche

汽车名片

汽车品牌：保时捷
英文名称：Porsche
成立时间：1931年
总部地点：德国斯图加特
生产公司：德国保时捷公司
经营范围：高端汽车生产
主要车系：Cayenne、Speedster、GT2系、
　　　　　Cayman、911系、918系、2011卡宴

品牌历史

　　1900年，第一辆以保时捷命名的汽车正式登场并引起强烈反响。

　　1948年，在费利·保时捷的领导下，设计出一款以大众部件为基础的356跑车。这是第一款以保时捷来命名的底盘由轻金属制成的跑车。

Cayman2
Porsche

超级性能

　　保时捷的跑车拥有轻巧的车身，极强的灵活性和可操控性。车身小巧，受风的阻力小。

　　保时捷汽车注重运动和高速，将动力、高速和运动性能推向极限。运动感十足，是世界上著名的高级跑车。

Cayman3
Porsche

911系
Porsche

911系
Porsche

Panamera
Porsche

Cayman
Porsche

Boxter
Porsche

918系
Porsche

奔驰

高端的享受

A系
Mercedes-Benz

汽车名片

汽车品牌：奔驰
英文名称：Mercedes-Benz
成立时间：1900年
总部地点：德国斯图加特
生产公司：德国梅赛德斯–奔驰汽车公司
经营范围：高端豪华汽车生产
主要车系：A系、B系、CL系、E系、C系、SL系、
　　　　　CLS系、GLK系、GL系、G系

品牌历史

　　奔驰的创始人戈特利布·戴姆勒发明了世界上第一辆四轮汽车。从此，世界发生了改变。1926年6月，戴姆勒公司与奔驰公司合并成立了戴姆勒–奔驰汽车公司，以梅赛德斯–奔驰命名的汽车正式出现，并从此以高质量、高性能的汽车产品闻名于世。

B系
Mercedes-Benz

CL系
Mercedes-Benz

超级性能

　　奔驰被认为是世界上最高档汽车品牌之一，其完美的技术水平、过硬的质量标准、与时俱进的创新能力以及一系列经典轿跑车款式令人称道。

　　奔驰汽车早已度过了它的百岁寿辰，而在这一百多年来，随着汽车工业的蓬勃发展，曾涌现出很多的汽车厂家，竞争激烈，但是奔驰却经受住了岁月的洗礼而存活下来。

E 系
Mercedes-Benz

C 系
Mercedes-Benz

CLS 系
Mercedes-Benz

GLK 系
Mercedes-Benz

GL 系
Mercedes-Benz

G 系
Mercedes-Benz

 本田

时尚的都市人

锋范
Honda

汽车名片

汽车品牌：本田
英文名称：Honda
成立时间：1948年
总部地点：日本东京
生产公司：日本本田株式会社
经营范围：中端汽车、摩托车生产
主要车系：雅阁、CR-V系、思域

品牌历史

　　本田株式会社是世界上最大的摩托车生产厂家，汽车产量和规模也位于世界十大汽车厂家之列。1948年创立，创始人是传奇式人物本田宗一郎。公司总部设在东京，雇员总数达18万人左右。现在，本田公司已是一个跨国汽车、摩托车生产销售集团。

Insight
Honda

超级性能

　　本田CR-V于1998年登陆中国，很受消费者喜爱。CR-V车型非常舒适，前排座椅取掉头枕后可以放平，与后排座椅形成一张"床"，这样劳累的人就可以在上面休息了。

艾力绅
Honda

Pilot
Honda

元素
Honda

思域
Honda

歌诗图
Honda

思铂睿
Honda

爵士
Honda

本田 19

L3系
BYD

汽车名片

汽车品牌：比亚迪
英文名称：BYD
成立时间：1995年
总部地点：中国深圳
生产公司：比亚迪股份有限公司
经营范围：传统汽车、新能源汽车生产
主要车系：速锐、思锐、F系

品牌历史

比亚迪股份有限公司创立于1995年，2002年7月31日在香港主板发行上市，是一家拥有IT、汽车和新能源三大产业群的高新技术民营企业。如今，汽车业务占据了比亚迪大半江山。

F0系
BYD

超级性能

比亚迪G6搭载1.5TI+DCT（涡轮增压、缸内直喷、双离合器）以及58项高端电子配置，使得这款车型成为比亚迪高端的旗舰车型。作为比亚迪"T动力智能新典范"，这款车动力更强劲，更省油，而这只是比亚迪不断改进性能的代表之一。

G6系
BYD

思锐
BYD

速锐
BYD

S6系
BYD

秦
BYD

F3系
BYD

M6系
BYD

比亚迪 21

301系
Peugeot

汽车名片

汽车品牌：标致
英文名称：Peugeot
成立时间：1882年
总部地点：法国巴黎
生产公司：标致汽车公司
经营范围：中端汽车生产
主要车系：207系、301系、307系、308系

品牌历史

标致不仅历史悠久，也是最早致力于赛车制造和汽车运动的厂家。

标致是欧洲的老牌汽车生产企业。在生产汽车前，这个企业生产过五金工具、家用器皿、裙撑、望远镜、外科手术器械、猎枪、收音机、缝纫机等，后来才生产自行车、摩托车、汽车。

308系
Peugeot

超级性能

制作材质是镀锌材质，并且双面镀锌，一方面，在发生冲撞时，专门吸收冲力的区域能减少对乘客的冲击，提高了对乘客的保护；另一方面，整体车身也能保证良好的抓地性能。

内饰方面和外形一样很大气，做工很简洁，配置却是相当丰富。座椅的舒适度也很不错，带有按摩功能。起步、刹车、提速灵敏，隔音性强。

207CC系
Peugeot

508系
Peugeot

408系
Peugeot

切诺基2008系
Peugeot

4008系
Peugeot

308SW系
Peugeot

RCZ系
Peugeot

昂科拉
Buick

汽车名片

汽车品牌：别克
英文名称：Buick
成立时间：1903年
总部地点：美国底特律
生产公司：别克汽车公司
经营范围：中高端汽车生产
主要车系：凯越、英朗、君威、君越、林荫大道、
　　　　　昂科拉、昂科雷、GL8

品牌历史

　　别克品牌创始于1900年美国底特律。1903年，成立了别克公司。一年后，汽车生产正式宣告开始，首批37辆汽车上市销售。

　　大卫·邓巴·别克将别克汽车一手缔造起来，并迎来了世界最大的汽车制造商——通用汽车的诞生。

GL8系
Buick

超级性能

　　别克汽车的外观时尚、内饰做工精致，引擎性能比较突出，油门初段很敏感，轻点油门后动力的响应完全没有电子油门的延滞。

　　隔音性能较好，在高转速时引擎的轰鸣得到了有效的抑制，不会影响到车内乘员的舒适环境。

君威GS
Buick

君越
Buick

昂科威
Buick

凯越
Buick

英朗
Buick

昂科雷
Buick

林荫大道
Buick

宾利 尊贵的高品质座驾

飞驰2013款
Bentley

汽车名片

汽车品牌：宾利
英文名称：Bentley
成立时间：1919年
总部地点：英国克鲁郡
生产公司：宾利汽车有限公司
经营范围：高端汽车生产
主要车系：欧陆、飞驰、慕尚、雅骏、雅致

品牌历史

1919年初，宾利新车设计完成。成立了后来赫赫有名的宾利汽车有限公司。20世纪30年代初期由于濒临倒闭而并入劳斯莱斯。

1998年，宾利被大众公司收购，一度有人担心宾利的形象会被改变，但后来推出的雅致Red Label完全消除了人们的顾虑，德国人并没有改变宾利，宾利的英国皇家血统仍然纯正。

Speed8
Bentley

超级性能

宾利新飞驰V8搭载ZF八速自动变速箱和全时四轮驱动系统，无论天气和路况如何糟糕，均能保证车辆稳健行驶。其配备了电脑控制的独立空气悬架，能最大限度吸收并隔绝路面的震动及冲击，确保驾乘舒适。

雅骏
Bentley

欧陆2
Bentley

慕尚
Bentley

飞驰V8
Bentley

雅致
Bentley

欧陆1
Bentley

欧陆GTC
Bentley

SLS级
Brabus

汽车名片

汽车品牌：博速
英文名称：Brabus
成立时间：1977年
总部地点：德国鲁尔区
生产公司：博速公司
经营范围：高端汽车改装、生产
主要车系：A级、B级、SLS级

品牌历史

　　博速汽车的制造公司现已跻身为全球最大的汽车改装厂商之一，也是世界上最专业的汽车生产商之一，同时更是德国汽车局认可的汽车生产商。它一年改装的奔驰车有80000余辆。尽管不是奔驰的子公司，但博速却是奔驰Smart的御用改装厂。

A级
Brabus

超级性能

　　新款博速的性能就像博速火箭800一样，这种快速的性能真是令人兴奋，其最高时速超过370公里。

B级
Brabus

SLK级
Brabus

Ultimate 101
Brabus

B63S
Brabus

EV12 Coupe
Brabus

SL65
Brabus

S级
Brabus

布加迪 无与伦比的美丽

Galibier
Bugatti

汽车名片

汽车品牌：布加迪
英文名称：Bugatti
成立时间：1909年
总部地点：法国赛尔莫姆
生产公司：法国布加迪公司
经营范围：高端跑车生产
主要车系：威航、EB110

品牌历史

　　布加迪是古典老式车中保有量最多的汽车之一，以布加迪为品牌的车型在世界多个著名汽车博物馆中都可以看到，而且性能上乘，车身造型新颖、流畅。

　　布加迪以生产世界上最好的及最快的车闻名于世。该品牌现已被德国大众集团收购。

EB110
Bugatti

威航2000
Bugatti

超级性能

　　布加迪十分注重发动机的性能。其于2010年7月推出的威航终极款布加迪威航Supersport，以平均时速431公里再度拿下世界量产车最快纪录，已被吉尼斯纪录承认。

30 世界名车图典

威航2002
Bugatti

威航2004
Bugatti

威航2008
Bugatti

威航2007
Bugatti

威航2003
Bugatti

威航2013
Bugatti

长城汽车

中国人的品牌车

H8系
Great Wall Motor

哈弗H8

汽车名片

汽车品牌：	长城汽车
英文名称：	Great Wall Motor
成立时间：	1984年
总部地点：	中国保定
生产公司：	长城汽车股份有限公司
经营范围：	汽车生产
主要车系：	哈弗H系、M4系

品牌历史

　　长城汽车股份有限公司是中国最大的SUV和皮卡制造企业，产品涵盖SUV、轿车、皮卡三大品类。

　　长城汽车的前身是保定市长城工业公司，成立于1984年。刚开始企业效益不佳，公司后以生产轻型货车为主，企业扭亏为盈，迅猛发展。

H5系
Great Wall Motor

超级性能

　　长城汽车从排量、外形、空间、配置各方面来说都很适合家庭使用，无论出口还是内销都高于国产其他品牌。长城系列的哈佛、炫丽、酷熊在外观上更适合国人眼光，在核心技术上多数使用比较成熟的技术。

H6系
Great Wall Motor

H7系
Great Wall Motor

M2系
Great Wall Motor

M4系
Great Wall Motor

C50系
Great Wall Motor

凌傲
Great Wall Motor

炫丽
Great Wall Motor

 大宇

典雅
Daewoo

汽车名片

汽车品牌：大宇

英文名称：Daewoo

成立时间：1967年

总部地点：韩国首尔

生产公司：通用大宇汽车科技公司

经营范围：中端汽车生产

主要车系：Matiz1、Matiz2、典雅、蓝龙、曼蒂兹、Matiz3、L4X、客车

品牌历史

　　大宇汽车公司总部设在韩国首尔，主要产品以轿车和货车为主，在韩国是最早出口汽车的企业。

　　大宇汽车公司是在1999年8月被迫解体，2000年11月8日正式宣布破产的。美国通用汽车公司又拾起了这个品牌，并于2002年10月28日在韩国首尔成立了"通用大宇汽车科技公司"。

客车
Daewoo

超级性能

　　大宇的驱动系统采用单驱动直接减速，减少传动的机械损失。驱动电机功率大，运行速度快，工作效率高。

　　大宇还有超级指令控制系统，微机操控工作。车体还配有车辆中心监控系统，提供电量、功率、故障诊断、错误代码、电机过热、碳刷磨损等情况。

旅行家
Daewoo

L4X系
Daewoo

拉赛蒂
Daewoo

Matiz
Daewoo

蓝龙
Daewoo

曼蒂兹
Daewoo

Winstorm
Daewoo

大众

多样的选择

高尔夫
Volkswagen

汽车名片

汽车品牌：大众
英文名称：Volkswagen
成立时间：1937年
总部地点：德国沃尔夫斯堡
生产公司：德国大众汽车公司
经营范围：中高端汽车生产
主要车系：甲壳虫、辉腾、途锐、速腾、宝来

品牌历史

　　大众汽车是德国最年轻的、同时也是最大的汽车生产厂家。从1984年进入中国市场，大众汽车是第一批在中国开展业务的国际汽车制造商之一。大众汽车自进入中国市场以来，就一直保持着在中国轿车市场中的领先地位。

宝来
Volkswagen

超级性能

　　大众汽车宣称："大众的畅销主要由于它是一个老实车。它没有乔装打扮。它使买主有这样一辆老实车而自豪。无论看什么地方，都能看到诚实的设计和坚实的工艺的象征。"

途锐
Volkswagen

EOS
Volkswagen

捷达
Volkswagen

CC
Volkswagen

朗逸
Volkswagen

甲壳虫
Volkswagen

夏朗
Volkswagen

 道奇

性价比高能者

酷威-1
Dodge

汽车名片

汽车品牌：道奇
英文名称：Dodge
成立时间：1914年
总部地点：美国密歇根
生产公司：道奇公司
经营范围：汽车生产
主要车系：锋哲、酷搏、酷威-1、酷威-2、酷威-3、蝰蛇-1、蝰蛇-2、翼龙、凯领

品牌历史

　　道奇在美国已有一百多年的历史，它是美国的第五大汽车品牌，是全球汽车行业的第八大品牌。

锋哲
Dodge

超级性能

　　道奇部的产品朴实无华、美观大方。素以价廉和大众化称著，颇受欢迎。
　　道奇采用全新后驱架构，拥有同级领先的操控性能与悬挂表现，扎实的底盘成为同级中为数不多的强调运动的轿车。

酷威-2
Dodge

蝰蛇-1
Dodge

蝰蛇-2
Dodge

杜兰戈
Dodge

酷威-3
Dodge

翼龙
Dodge

凯领
Dodge

风驰的追风者

F430系
Ferrari

汽车名片

汽车品牌：法拉利
英文名称：Ferrari
成立时间：1929年
总部地点：意大利摩德纳
生产公司：意大利法拉利汽车公司
经营范围：高端跑车生产
主要车系：FXX系、FF系

品牌历史

　　法拉利是世界上最闻名的赛车和运动跑车生产厂家，创始人是世界赛车冠军，划时代的汽车设计大师恩佐·法拉利。

　　法拉利公司在世界车坛有崇高的地位，甚至有的汽车评论家说任何跑车都无法和法拉利汽车相比。在近一个世纪的历史长河里，法拉利推出了众多世界知名的汽车产品。

11系
Ferrari

超级性能

　　法拉利跑车和赛车拥有绝佳的操控性及优异的性能，每辆跑车都装有一台高性能发动机，发动机最高转速可达7000~10000转，功率超过500马力，最高车速可达300多公里/小时。

　　每一辆法拉利汽车，都可以说是一件绝妙的艺术品。由于法拉利的赛车主要以红色为主，因而有人称它为红色的跃马或红魔法拉利。

458系
Ferrari

512 M系
Ferrari

F40系
Ferrari

612系
Ferrari

F50系
Ferrari

F365系
Ferrari

F430系
Ferrari

菲亚特 畅快驾驶的体验

菲跃
Fiat

汽车名片

汽车品牌：菲亚特
英文名称：Fiat
成立时间：1899年
总部地点：意大利都灵
生产公司：菲亚特汽车公司
经营范围：中端汽车生产
主要车系：菲翔、500系、派力奥、朋多

品牌历史

　　19世纪末，菲亚特的股东、富有远见的乔瓦尼·阿涅利领导菲亚特，他觉得企业开始向两个方向发展，即生产的多元化与把握具有远大前景的市场动态。

　　在之后短短的几年间，菲亚特公司得以迅速发展壮大，员工人数由150人增加到2500人，推出了多种型号的汽车和菲亚特的第一辆卡车。

博悦
Fiat

超级性能

　　菲亚特敞篷车拥有中段加速功能，其发动机有强劲的扭力，是因为菲亚特巧妙的设计使发动机在突然加速时有足够的空气。

　　同时菲亚特车不设自动排挡，对一些乐意使用手动变速的人来说是个很不错的选择，更增加了驾驶的乐趣。

菲翔
Fiat

500系
Fiat

领雅
Fiat

多宝
Fiat

派朗
Fiat

朋多
Fiat

西耶那
Fiat

Auris
Toyota

汽车名片

汽车品牌：丰田
英文名称：Toyota
成立时间：1933年
总部地点：日本丰田市
生产公司：日本丰田汽车公司
经营范围：中高端汽车生产
主要车系：凯美瑞、普锐斯

品牌历史

　　丰田创始人为丰田喜一郎。从1935年造出了一辆汽车开始，丰田公司不断壮大，在世界汽车生产业中有着举足轻重的地位。

IQ 系
Toyota

超级性能

　　丰田汽车能够在复杂的路况条件下，保持绝佳的通过性、稳定性和灵活性。汽车注重合理分配前后车身的重量，保持整体车身重量的平衡，保证驾车者在任何操作情况下都能平稳、惬意地驾驶。

AYGO系
Toyota

爱文奇斯
Toyota

普拉多
Toyota

雅力士
Toyota

苔原
Toyota

凯美瑞
Toyota

西耶那
Toyota

丰田 45

福特

悠久历史的传承

福克斯2
Ford

汽车名片

汽车品牌：福特
英文名称：Ford
成立时间：1903年
总部地点：美国密歇根
生产公司：美国福特汽车公司
经营范围：中高端汽车生产
主要车系：嘉年华、福克斯、麦克斯S-MAX、蒙
迪欧、翼虎SUV、锐界SUV、mustang野
马、fusion混合动力

品牌历史

1903年6月16日，亨利·福特开创汽车制造业务，正式签订合同。1908年，推出了T型车系。1913年10月7日，创立汽车装配流水线。1927年生产A型车系。1994年，中国业务部成立。

如今，福特汽车公司是美国第二大汽车制造商。

翼虎
Ford

超级性能

福特技术有100多年的历史了，所以很成熟。它做工精致，安全性好，设计舒适，而且空间很大，配置高，无缝焊接技术相当成熟，车身上档次。

皮卡
Ford

SUV
Ford

福克斯
Ford

嘉年华
Ford

蒙迪欧
Ford

S-MAX系
Ford

嘉年华2
Ford

福特雷鸟

潮流的先锋

1956系
Ford Thunderbird

汽车名片

汽车品牌：福特雷鸟
英文名称：Ford Thunderbird
成立时间：1954年
总部地点：美国密歇根
生产公司：美国福特汽车公司
经营范围：中高端汽车生产
主要车系：1954系、1955系、1957系、2002系

品牌历史

　　福特雷鸟自从1954年2月20日在底特律汽车展上登台亮相后，迅速成为追求新颖款式和大胆设计的车迷的宠儿。如今它早已成为"优雅、豪华"的代名词。

2006系
Ford Thunderbird

2001系
Ford Thunderbird

超级性能

　　雷鸟是福特公司设计的双门跑车品牌，曾立于车坛不败之地长达30年之久，它早已成为美国人信赖的车型之一。它具有现代舒适性、便利性及全天候防护设施以及极佳的动力、性能和操纵性，是个人豪华汽车中的表征。

2001系
Ford Thunderbird

1965系
Ford Thunderbird

2005系
Ford Thunderbird

1970系
Ford Thunderbird

1960系
Ford Thunderbird

2004系
Ford Thunderbird

福特野马

野性驰骋的力量

GT500-1
Mustang

汽车名片

汽车品牌：福特野马
英文名称：Mustang
成立时间：1964年
总部地点：美国密歇根
生产公司：美国福特汽车公司
经营范围：中高端汽车生产
主要车系：GT500、眼镜蛇、Boss302

品牌历史

    1962年，福特汽车公司开始研发了野马的第一辆概念车——野马型车。是为纪念在二战中富有传奇色彩的北美P51型"野马战斗机。

    1964年的纽约世界博览会，野马自此正式向全世界展示了它的风范。

GR350R
Mustang

超级性能

    福特野马外形朴实无华，但从骨子里散发着一种野性。会让你拥有更高层的肌肉车驾驶体验。

    强大的加速感觉，非常野性。曾在1994年法国国际汽车巡回拉力赛中，野马包揽前两名。

Boss302版
Mustang

GT500-2
Mustang

GT500-3
Mustang

眼镜蛇
Mustang

Boss302-3
Mustang

GT500-4
Mustang

敞篷版
Mustang

福特野马 〔51〕

H2系
Hummer

汽车名片

汽车品牌：悍马
英文名称：Hummer
成立时间：1903年
总部地点：美国底特律
生产公司：美国通用汽车公司
经营范围：高性能越野汽车生产
主要车系：H1系、H2系、H3系

品牌历史

　　美国军方于20世纪70年代末期，需要新一代的轻型多用途军车，他们要求汽车符合"高机动性、多用途、有轮（非履带式）"的特点，80年代初，工程师们根据这些要求研制出名字叫作"Hmmwv"的汽车，1992年，推出"Hmmwv"的民用版，就是现在的悍马。

H1系
Hummer

Hx系
Hummer

超级性能

　　悍马汽车能充分吸收在恶劣路况下满载行驶时遭受的应力，并能延长发动机部件的寿命，使车子即使在最恶劣的状况下也能安全运转。

　　大多数越野车在倒车下坡时车子很难控制，但是悍马不论是倒车下坡还是向前行驶都十分流畅，所以悍马成为越野必备装备。

H2系
Hummer

H3系
Hummer

H3系
Hummer

H3系
Hummer

At SEMA 2009
Hummer

悍马加长
Hummer

HUMMER

L9系
Hong Qi

汽车名片

汽车品牌：红旗
英文名称：Hong Qi
成立时间：1958年
总部地点：中国长春
生产公司：中国第一汽车制造厂
经营范围：中端汽车生产
主要车系：CA700、CA772

品牌历史

　　1958年5月12日，我国国产第一辆小轿车试制成功，车名叫作"东风"，就是红旗轿车的前身。1964年，红旗轿车被定为我国的国宾车。

　　同时，红旗是新中国轿车的一面旗帜，是中国制造的一个传奇。在国庆50周年和60周年大典上都曾亮相过，接受祖国和人民的检阅。红旗也被称为中国的"国车"。

H7系
Hong Qi

超级性能

　　红旗CA772车身完全自行设计，极富中国的民族特色：车身颀长，通体黑色，雍容华贵，庄重大方，具有元首用车的气派。车前格栅采用中国传统的扇子造型，后灯使用了大红宫灯造型，别具一格。发动机罩上方的标志是三面红旗，迎风飘扬，极富动感。内饰仪表板用福建大漆，周边镶以胡桃木条，座椅包裹了杭州名产织锦缎，民族气息十分浓郁。

世纪星
Hong Qi

旗舰
Hong Qi

明仕
Hong Qi

明仕Ⅱ代
Hong Qi

SUV
Hong Qi

盛世
Hong Qi

L7系
Hong Qi

红旗

科鲁兹
Holden

汽车名片

汽车品牌：霍顿
英文名称：Holden
成立时间：1856年
总部地点：澳大利亚墨尔本
生产公司：霍顿汽车公司
经营范围：中高端汽车生产
主要车系：政治家、Monaro

品牌历史

　　霍顿汽车公司在澳大利亚历史上有着极其特别的地位，因为澳大利亚大陆上第一辆由澳大利亚人自己生产的汽车"48-215"，就是从霍顿的车间里开出来的。

普霍顿
Holden

超级性能

　　霍顿拥有很多属于自己的成功开发的产品，其中包括连续 8 年蝉联澳大利亚最畅销中级房车、澳大利亚高档轿车销量中名列前5 的双门跑车。

　　目前霍顿公司旗下共有 20 种车型，从两厢小型车到四轮驱动的SUV，从家用轿车到商用皮卡，应有尽有，完善的车型系列极大程度上满足了市场需求。

Utester
Holden

Efijy-Concept
Holden

SSX系
Holden

Omega
Holden

Efijy-Concept5
Holden

Monaro
Holden

Captiva
Holden

CRD系
Jeep

汽车名片

汽车品牌：吉普
英文名称：Jeep
成立时间：1941年
总部地点：美国密歇根
生产公司：美国威利斯汽车公司
经营范围：吉普车生产
主要车系：切诺基、自由客、牧马人

品牌历史

世界上第一辆吉普车是1941年在第二次世界大战中为满足美军军需生产的。战争结束后，人们开始将它应用在日常工作中。因为吉普车能够带给人宽广的空间，它很快被用来作为营造生活乐趣的运输工具。该品牌现已成为克莱斯勒汽车公司的子品牌。

牧马人
Jeep

4700系
Jeep

超级性能

吉普车是越野车的一种，由四轮驱动，稳定性良好。越野车分为军用和民用两种，作为军用是最普遍的，军用吉普车除了作为交通工具外，还可以专门用作越野拖炮车、越野测量车等。民用吉普车多用于日常生活。

指挥官
Jeep

自由客
Jeep

切诺基
Jeep

指南者
Jeep

自由光
Jeep

2005系
Jeep

 捷豹

如豹的迅速

X−Type系
Jaguar

汽车名片

汽车品牌：捷豹
英文名称：Jaguar
成立时间：1931年
总部地点：印度孟买
生产公司：印度塔塔汽车公司
经营范围：高端汽车生产
主要车系：E−Type、C−Type系、XJ系、XF系、F− Type系、XK系、剑桥限量版

品牌历史

　　捷豹汽车的历史源远流长，可以追溯到1922年英国的威廉·里昂斯爵士创造出第一辆跨斗摩托车之时。1932年，"捷豹（Jaguar）"的名字首次随着一款完全独自设计制造的全新轿车SS Jaguar 的面世，而首次出现。

XJ Super V8系
Jaguar

超级性能

　　捷豹的敞篷跑车，在扭转刚度和车身重量方面都具有较大的优势。这类车型车内光线好，顶篷折叠式三层结构，能够有效隔绝风声、公路噪声和气候所带来的影响。

XJ8系
Jaguar

Advanced Lightweight Coupe
Jaguar

C-Type系
Jaguar

XF系
Jaguar

XJ系
Jaguar

C-X75系
Jaguar

C-X17系
Jaguar

凯迪拉克

 古老的传承者

SRX
Cadillac

汽车名片

汽车品牌：凯迪拉克
英文名称：Cadillac
成立时间：1902年
总部地点：美国底特律
生产公司：美国通用汽车公司
经营范围：高端汽车生产
主要车系：Converj、CTS、DTS、SLS、SRX

品牌历史

　　从凯迪拉克汽车生产到今天已经有一百多年的历史，凯迪拉克轿车为无数政界，文艺界及企业巨头所乘坐。它代表着通用公司豪华轿车的最高品质和形象。凯迪拉克从来都是美国最豪华汽车的标志。

BLS
Cadillac

超级性能

　　一百多年来，凯迪拉克在技术与工艺方面取得的重大突破对汽车工业产生了巨大且深远的影响。1908年，凯迪拉克由于首先实现了汽车标准零件的生产，成为第一个获得伦敦皇家汽车俱乐部奖的美国汽车公司，并有了"世界标准"的美名。

XLR
Cadillac

凯雷德

Cadillac

CTS COUPE

Cadillac

ATS
Cadillac

CTS
Cadillac

SRX
Cadillac

XTS
Cadillac

克莱斯勒

无止境的追求

300C系
Chrysler

汽车名片

汽车品牌：克莱斯勒
英文名称：Chrysler
成立时间：1925年
总部地点：美国密歇根
生产公司：克莱斯勒汽车公司
经营范围：高端汽车生产
主要车系：300C系、300M系、交叉火力、
　　　　　PT漫步者、铂锐、城乡者、
　　　　　大捷龙、君王、赛百灵

品牌历史

　　1925年，一种克莱斯勒轿车在法国的勒曼斯投入生产。克莱斯勒的帝国系列轿车也于1926年作为一种豪华车型推向市场。

交叉火力
Chrysler

超级性能

　　克莱斯勒将性能、燃油经济性、耐用性完美结合，配置了波士顿音响系统及380瓦数码功放和DVD导航无线电，车内处处体现出优雅的绅士味道。

　　带雨水传感器的挡风玻璃雨刮器和高强度放电氙气前照灯拓宽了视野。

300M系
Chrysler

大捷龙
Chrysler

城乡者
Chrysler

赛百灵
Chrysler

PT 漫步者
Chrysler

铂锐
Chrysler

君王
Chrysler

C系
Lamborghini

汽车名片

汽车品牌：兰博基尼
英文名称：Lamborghini
成立时间：1963年
总部地点：意大利 圣亚加塔·波隆尼
生产公司：意大利兰博基尼汽车公司
经营范围：超级跑车生产
主要车系：Estoque、Miura

品牌历史

　　1963年，兰博基尼的汽车工厂在意大利的圣亚加塔·波隆尼正式成立。它的创立者费鲁吉欧·兰博基尼开始召集属于自己的设计团队，并于当年的都灵车展上正式发布了第一辆兰博基尼跑车350GTV。

　　兰博基尼现已成为大众集团的子品牌。

Gallardo
Lamborghini

超级性能

　　兰博基尼Miura车身的前后两部分可以掀开，内部机械完全暴露于外。整体看来，Miura车型具有强烈的攻击性，车身很低，座舱全部被玻璃包围，很有轰炸机味道。

　　兰博基尼LM002完全能够适应撒哈拉沙漠的恶劣气候。最高时速可以达到208公里，这样的性能表现，在当时的越野车中独一无二。

E系
Lamborghini

D系
Lamborghini

Reventon
Lamborghini

Miura
Lamborghini

A系
Lamborghini

Murcielago
Lamborghini

LM002系
Lamborghini

 蓝旗亚 深沉的思想者

Delta
Lancia

汽车名片

汽车品牌：蓝旗亚
英文名称：Lancia
成立时间：1906年
总部地点：意大利都灵
生产公司：意大利蓝旗亚公司
经营范围：豪华轿车生产
主要车系：Y型、卡帕

品牌历史

　　蓝旗亚公司的创始人在创业之初也是从事赛车行业，他在赛车场上频频获胜，为蓝旗亚汽车树立起光辉的形象。

　　在1922年开始生产的蓝旗亚·兰伯达轿车是一辆划时代的汽车，它首次采用了一体化车身结构。它奠定了现代轿车的构造模式，为汽车发展做出了重大贡献。

Grand Voyager
Lancia

超级性能

　　蓝旗亚赢得过多次世界拉力锦标赛的冠军，也创造了许多第一次，它第一次将涡轮增压器与机械增压器用于同一个引擎；第一次将V6发动机用于民用车；第一次使用5速变速器；第一次用风洞设计汽车；第一次销售承载式车身的汽车等。

Delta HPE
Lancia

菲德拉
Lancia

强音
Lancia

Thema
Lancia

Y型
Lancia

缪斯
Lancia

Ypsilon Sport
Lancia

幻影2003
Rolls-Royce

汽车名片

汽车品牌：劳斯莱斯
英文名称：Rolls-Royce
成立时间：1906年
总部地点：德国慕尼黑
生产公司：英国劳斯莱斯汽车公司
经营范围：豪华汽车生产
主要车系：幻影、敞篷车

品牌历史

　　在早年，劳斯莱斯是有颜色之分的，劳斯莱斯不同颜色的车会卖给不同层次的人。知名的文艺界人士、技术界人士和知名企业家可以拥有白色劳斯莱斯，政府高官和社会知名人士则是银色，而黑色只为国王、女王、总理及内阁成员打造。

101EX
Rolls-Royce

102EX
Rolls-Royce

超级性能

　　最初的劳斯莱斯有两大特点：制造工艺简单、行驶时噪声极低，这两大优势很快就成为劳斯莱斯的经典。第一辆真正的传奇之作"银灵"诞生于1906年，它首次露面于巴黎汽车博览会，其金色钟顶形散热器非常引人注目，直到今天这依然是劳斯莱斯不可替代的设计元素。

幻影豪华版

白色幽灵

101EX

幻影2008

古斯特

Corniche

劳斯莱斯 71

CT系
Lexus

汽车名片

汽车品牌：雷克萨斯
英文名称：Lexus
成立时间：1983年
总部地点：日本东京
生产公司：日本丰田汽车公司
经营范围：高端汽车生产
主要车系：CT系、ES系、RX系、IS系、GS系、
LX系、RC系、SC系

品牌历史

　　雷克萨斯这个品牌最先是在北美推出的，因为读音Lexus与英文"豪华"（Luxury）一词相近，使人联想到该车是豪华轿车。

　　雷克萨斯于1983年被首次提出，但仅用十几年的时间，自1999年起，在美国的销量超过梅赛德斯–奔驰、宝马，成为全美豪华车销量最大的品牌。

ES系
Lexus

超级性能

　　雷克萨斯提供完美的驾乘体验，安静舒适的车内环境是雷克萨斯的家族传统。比如它的HS系列车具有隔音挡风玻璃，以及多达三层的车门密封条，能够确保车内的绝对安静。

GS系
Lexus

IS系
Lexus

GX系
Lexus

LF系
Lexus

IS250C系
Lexus

RC系
Lexus

RX系
Lexus

雷克萨斯

风景
Renault

汽车名片

汽车品牌：雷诺
英文名称：Renault
成立时间：1898年
总部地点：法国布洛涅·比扬古
生产公司：雷诺汽车公司
经营范围：中高端汽车生产
主要车系：captur、风景、风朗、科雷傲、拉古那、
威赛帝、梅甘娜、塔里斯曼、纬度

品牌历史

　　1898年，路易·雷诺在巴黎市郊比昂古创建了雷诺公司。1900年，雷诺公司在巴黎-柏林等车赛中接连获胜而名声大振，公司开始发展。

　　1907年，雷诺生产的出租车出现在伦敦和纽约街头。1914年，雷诺公司形成了大规模生产。

风朗
Renault

科雷傲1系
Renault

超级性能

　　身为全球第四大汽车生产商的雷诺在国际上享有十分高的声誉，产品质量出众，以技术高超闻名。

　　车身采用最新钢铁构造，具有超强动力引擎及耐撞车身，一字并列式四喷口设计，外加强大的集气系统，使其擅长简单而具有多道90度弯的赛道，车身具有极好的稳定性。

拉古娜
Renault

梅甘娜
Renault

塔里斯曼
Renault

威赛帝
Renault

科雷傲2系
Renault

纬度
Renault

雷诺

340R
Lotus

汽车名片

汽车品牌：莲花
英文名称：Lotus
成立时间：1951年
总部地点：英国诺福克郡
生产公司：英国莲花汽车公司
经营范围：豪华汽车生产
主要车系：精灵、Elise、Exige、340R系、
Europa、Elite、Eleven、Esprit

品牌历史

　　1952年，柯林·查普曼创立了莲花汽车公司，总部设在英国诺福克郡。

　　1996年，莲花被马来西亚汽车制造商宝腾收购，2011年6月，莲花品牌正式进入中国，并发布其中文官方名称"路特斯"。

Elise
Lotus

超级性能

　　路特斯在经济环保车型领域有相当的话语权，不仅因为它为著名电动车Tesla Roadster提供车身底盘，而且路特斯一直以来都在追求用轻量化来换取高性能，而非大排量。

Eleven
Lotus

Elite Concept
Lotus

精灵
Lotus

Esprit
Lotus

S1系
Lotus

Exige
Lotus

L3
Lotus

MKZ系
Lincoln

汽车名片

汽车品牌：林肯
英文名称：Lincoln
成立时间：1917年
总部地点：美国密歇根州
生产公司：美国福特汽车公司
经营范围：高端汽车生产
主要车系：LS系、06系、MKT系、大陆、马克
　　　　　八世、城市、领航员

品牌历史

　　林肯汽车是美国著名汽车企业福特旗下的一个豪华车品牌，它是以美国总统亚伯拉罕·林肯的名字命名的。自1939年美国总统富兰克林·罗斯福以来，一直被白宫选为总统专车。它最出名的一款车是肯尼迪总统乘用的检阅车。

MKT系
Lincoln

超级性能

　　林肯汽车拥有杰出的性能、高雅的造型和无与伦比的舒适，同时它豪华的外表，也为人们所喜爱，在中国扮演着越来越多的角色，常出现在婚礼等庆典上，或者成为富豪老板的私人坐驾。

MKS系
Lincoln

C系
Lincoln

MKC系
Lincoln

LS系
Lincoln

领航员
Lincoln

城市
Lincoln

MKX系
Lincoln

铃木　缔造品质

奥拓
Suzuki

汽车名片

汽车品牌：铃木
英文名称：Suzuki
成立时间：1954年
总部地点：日本静冈县
生产公司：铃木汽车公司
经营范围：中端汽车生产
主要车系：雨燕、奥拓、SX4系、赤道、派喜

品牌历史

　　铃木汽车是日本重要的汽车制造商，1955年生产首台Suzulight系列汽车。公司以生产微型轿车为主，同时还生产摩托车、舷外机、摩托艇等，产品销往世界127个国家和地区。

超级维特拉
Suzuki

锋驭
Suzuki

超级性能

　　铃木认为，为每位客户提供"高品质""高性能""客户使用方便""乘坐舒适的汽车"是铃木的使命。

　　最近几年来，他们以为每位客户制造可提供"多彩生活建议"的产品为目标，将"Way of life"的精神渗透到铃木的全部产品中，提供给客户。

利亚纳
Suzuki

派喜
Suzuki

吉姆尼
Suzuki

速翼特
Suzuki

天语尚悦
Suzuki

雨燕
Suzuki

路虎 王者的象征

DC100系
Land Rover

汽车名片

汽车品牌：路虎
英文名称：Land Rover
成立时间：1966年
总部地点：印度孟买
生产公司：印度塔塔汽车公司
经营范围：四轮驱动汽车生产
主要车系：神行者、发现、揽胜、卫士

品牌历史

　　路虎源自英国，现属于印度塔塔汽车公司。路虎自诞生至今，由实用性车型发展成为多功能四驱车，汽车销往140多个国家和地区，得到普遍认可和尊敬。直至今天，由路虎公司生产的所有汽车中，有3 / 4仍然在被使用，这十分神奇。

发现
Land Rover

LRX系
Land Rover

超级性能

　　路虎公司以四驱车而举世闻名：自创始以来就始终致力于为其驾驶者提供不断完善的四驱车驾驶体验。在四驱车领域中，路虎公司不仅拥有先进的核心技术，而且充满了对四驱车的热情：它是举世公认的权威四驱车革新者。尽管路虎在不断改进产品，但它始终秉承其优良传统就是将公司价值与精益设计完美结合。

揽胜Stormer
Land Rover

神行者
Land Rover

揽胜运动版
Land Rover

揽胜
Land Rover

揽胜极光
Land Rover

卫士
Land Rover

路虎 83

玛莎拉蒂

 奢华享受

总裁5
Maserati

汽车名片

汽车品牌：玛莎拉蒂
英文名称：Maserati
成立时间：1914年
总部地点：意大利摩德纳
生产公司：意大利玛莎拉蒂汽车公司
经营范围：高端轿跑车生产
主要车系：总裁系列、Coupe、MC12系、Gran sport、Spyder

品牌历史

　　玛莎拉蒂公司于1914年12月1日在意大利博洛尼亚市成立，并于同年12月14日正式开始运营。

　　1926年，第一台玛莎拉蒂汽车诞生，1947年，玛莎拉蒂第一台民用车A6 GT跑车问世。1963年，第一代玛莎拉蒂Quattroporte总裁轿车诞生，使玛莎拉蒂以世界上第一辆运动型豪华四门轿车再一次开创了汽车工业史上的先河。该品牌现已被菲亚特汽车公司收购。

总裁4
Maserati

MC12系
Maserati

超级性能

　　传承意大利经典设计和手工定制传统，玛莎拉蒂旗下QP总裁轿车、GT跑车、GC敞篷跑车，完美诠释了优雅、奢华、运动激情，带您体验无与伦比的驾乘感受。

　　玛莎拉蒂的发动机堪称极品，不仅声音一流，而且动力输出段够长。它的极限高，空气动力性能出色，总是安安稳稳地像沿着轨道般行驶。

Spyder
Maserati

Gran Sport
Maserati

总裁1
Maserati

Coupe
Maserati

总裁2
Maserati

总裁3
Maserati

 马自达

亲切和蔼的老者

CX-5系
Mazda

汽车名片

汽车品牌：马自达
英文名称：Mazda
成立时间：1920年
总部地点：日本广岛
生产公司：日本马自达株式会社
经营范围：中端汽车生产
主要车系：5系、6系

品牌历史

马自达是日本第四大汽车制造商，是世界著名汽车品牌，也是世界上唯一研发和生产转子发动机的汽车公司。

3系
Mazda

超级性能

马自达是全球第一家实现转子发动机量产化的企业，而且马自达的平均油耗比同类车要低，综合排名世界第一，"出色环保，安全性能"。

6系
Mazda

5系
Mazda

8系
Mazda

睿翼
Mazda

CX-7系
Mazda

2系
Mazda

ATENZA系
Mazda

62S 系
Maybach

汽车名片

汽车品牌：迈巴赫
英文名称：Maybach
成立时间：1921年
总部地点：德国斯图加特
生产公司：迈巴赫引擎制造厂
经营范围：高端汽车生产
主要车系：57系、62系、57S系、62S系

品牌历史

　　迈巴赫的设计之父是威廉·迈巴赫，车也因此而命名。1921年，迈巴赫首次在柏林车展上亮相，以完美无瑕的创意设计和高性能的车体结构迅速得到上流社会人士的认可和青睐。

　　每一辆迈巴赫汽车都是按照客户要求定做的，是独一无二的。迈巴赫是德国最高贵、最豪华的轿车。

62系
Maybach

超级性能

　　迈巴赫是经典与时尚的完美结合，每一处的设计都将尊贵与时尚显露无遗。车身的涂漆采用先进的技术，有着震撼和惊艳的效果。

　　迈巴赫的动力性能史无前例，车速快。车内配置香水系统，只要轻轻按一下按钮，就会香气萦绕，让人心灵和感官有愉悦的体验。

62-1 系
Maybach

62S-1系
Maybach

62-2系
Maybach

62-3系
Maybach

Exelero-2
Maybach

Exelero
Maybach

57S系
Maybach

迈巴赫

Countryman
Mini

汽车名片

汽车品牌：迷你
英文名称：Mini
成立时间：1959年
总部地点：德国慕尼黑
生产公司：巴伐利亚机械制造厂股份公司
经营范围：中高端汽车生产
主要车系：Cooper、Clubman、Tattoo、Contryman、Paceman、Coupe、Countryman滑雪版

品牌历史

　　迷你是宝马集团下的一个独立品牌，诞生于1959年，以别具一格的设计而闻名。1961年，赛车工程师John Cooper将赛车血统注入迷你品牌，令灵巧的迷你摇身一变，成为赛车场上的传奇，从此成为英国车坛之宝。自1994年被宝马收购后，迷你车型更加多变，车身设计不断优化，开始走高档路线。

JCW Coupe
Mini

超级性能

　　第一辆迷你从生产线上开下来，其玄妙之处一是巧妙地将变速箱与横置发动机的相对位置安排妥当，并采用前轮驱动，这样一来合理地利用了空间，减少了车体尺寸；二是采用小得不能再小的10英寸车轮以及带橡胶材料的四轮独立悬挂系统，减少了部件的体积。

　　迷你实现了设计初衷：用尺寸最小的汽车轻松搭载4个成人和一些行李物品。

CABRIO
Mini

Vision
Mini

Beachcomber
Mini

JCW Countryman
Mini

Roadster

Mini

Paceman
Mini

Clubman
Mini

 名爵

私人定制的敞篷车

MG5系
MG

 汽车名片

汽车品牌：名爵
英文名称：MG
成立时间：1913年
总部地点：中国南京
生产公司：上海汽车集团有限公司
经营范围：汽车生产
主要车系：MG3-1系、MG3-2系、MG3SW系、
MG5系、MG6系、MG7-1系、
MG7-2系、MGTF-1系、MGTF-2系

品牌历史

　　名爵原本在英国是Morris汽车代理商，后来制造自己开发的订制版汽车。2005年7月，南京汽车集团有限公司收购了英国MG罗孚汽车公司及其发动机生产分部。2007年4月，上汽集团全面收购了南京汽车集团，将名爵汽车品牌收入上汽集团旗下。

MGTF系
MG

MG3SW系
MG

超级性能

　　名爵在我国国内拥有全套的缸体、缸盖、曲轴、连杆加工线，发动机生产、等配套系统，可为用户提供及时的零部件供应和全面的售后服务保障。

　　名爵从诞生的那一天开始，就始终高贵独特，以双门敞篷跑车闻名于汽车界。

MG3-1系
MG

MG3-2系
MG

MG6系
MG

MG7-1系
MG

MGTF-1系
MG

MG7系
MG

名爵 93

欧宝

灵活的精灵

安德拉
Opel

汽车名片

汽车品牌：欧宝
英文名称：Opel
成立时间：1862年
总部地点：德国吕塞尔斯海姆
生产公司：欧宝汽车公司
经营范围：中端汽车生产
主要车系：欧美佳、威达、雅特、
　　　　　赛飞利、蒙扎

品牌历史

　　Opel由亚当·欧宝所创立，至今已有百年历史。Opel由于对足球世界杯、联盟杯网球赛等世界重大球类比赛的赞助，使得欧宝公司在体育领域有很高的声望，现在欧宝的产品已遍及世界20多个国家。

麦瑞纳
Opel

超级性能

　　欧宝汽车不断进行技术创新，向广大社会群体提供价廉物美的产品成为了今日欧宝研发理念的核心。

　　欧宝汽车有着四个著名的性能：多样性和内在的灵活性；驾驶的动感性；富有现代美感；与众不同的设计。

蒙扎
Opel

可赛
Opel

Adam
Opel

雅特三厢
Opel

英速亚
Opel

赛飞利
Opel

雅特敞篷
Opel

奔跑的精灵

MDX2 系
Acura

汽车名片

汽车品牌：讴歌
英文名称：Acura
成立时间：1986年
总部地点：日本东京
生产公司：日本本田汽车公司
经营范围：高端汽车生产
主要车系：MDX1系、MDX2系、ILX系、
RDX系、TL系、RLX系、RL系

品牌历史

　　Acura源于拉丁语中的"Accuracy"，意味着"精确"。而"精准"的含义可以追溯到Acura最初的造车理念"精湛工艺，打造完美汽车"。

　　讴歌于1986年在美国创立，品牌一经推出即在北美市场获得了巨大的成功，迅速成为北美市场上最成功的豪华品牌之一，全球销量超过320万辆。

ILX 系
Acura

超级性能

　　作为第二个日系豪华汽车品牌，讴歌追求个性化和前瞻科技的"运动豪华"理念。讴歌ZDX就是一款追求极致个性的车，采用了全景玻璃天窗设计，造型带有清晰的层次感，实用性高。

ILX2系
Acura

RL 系
Acura

RDX 系
Acura

SUV 系
Acura

TL 系
Acura

RLX 系
Acura

MDX1 系
Acura

A1系
Chery

汽车名片

汽车品牌：奇瑞
英文名称：Chery
成立时间：1997年
总部地点：中国芜湖
生产公司：中国奇瑞汽车股份有限公司
经营范围：中端汽车生产
主要车系：A1系、A3系、E3系、E5系、瑞虎5系、
　　　　　QQ6系、旗云1系、旗云2系、旗云3系

品牌历史

　　奇瑞汽车股份有限公司是一家从事汽车生产的国有股份制企业，1997年1月8日注册成立。

　　1999年12月18日，第一辆奇瑞轿车下线。2007年8月22日，奇瑞公司第100万辆汽车下线，公司产品覆盖乘用车、商用车、微型车等领域，是中国自主品牌中的代表和精品。

QQ6系
Chery

超级性能

　　A系列拥有独特的S形侧腰线、动感的后尾灯、强劲的冲击性前脸、流线的前大灯、宽大的运动轮胎等设计，呈现出动感、时尚、个性的魅力，非常符合时下的流行趋势。

　　奇瑞自主研发的DVVT发动机，动力输出远远高出某些同级车型，发动机的排放都达到国际IV标准。

E3系
Chery

A3系
Chery

E5系
Chery

旗云1系
Chery

旗云3系
Chery

旗云2系
Chery

瑞虎5系
Chery

KIA 起亚

舒适的小车

霸锐
KIA

汽车名片

汽车品牌：起亚
英文名称：KIA
成立时间：1944年
总部地点：韩国釜山
生产公司：现代汽车集团
经营范围：中端汽车生产
主要车系：K2系、 K3系、 K5系、霸锐、
　　　　　智跑、新佳乐

品牌历史

　　起亚汽车公司是韩国最早的机动车制作商，始建于1944年。起亚的车系基本上已经覆盖了从轿车到SUV、MPV的各种车型，其中很多车型多次获得各项殊荣。

新佳乐
KIA

超级性能

　　在动力上配备起亚的有两款自然吸气汽油发动机，其中2.0L发动机最大功率165马力，最大扭矩为198牛·米；2.4L发动机最大功率为179马力，最大扭矩为231牛·米，配备的是6挡手动和6速手自一体变速器。

狮跑
KIA

K2系
KIA

K3系
KIA

智跑
KIA

K3系
KIA

K5系
KIA

福瑞迪
KIA

日产

楼兰
Nissan

汽车名片

汽车品牌：日产
英文名称：Nissan
成立时间：1914年
总部地点：日本神奈川
生产公司：日产汽车公司
经营范围：中端汽车生产
主要车系：逍客、天籁、轩逸、阳光、骊威、骐达、奇骏、GTR系、玛驰、楼兰、聆风、Juke、贵士

品牌历史

　　日产汽车公司是日本的一家汽车制造商，于1933年在神奈川县横滨市成立。

　　1999年，雷诺与日产汽车结成独立的合作伙伴关系，在广泛的领域中展开战略性的合作，日产汽车通过联盟将事业区域拓展至全球。

GTR系
Nissan

超级性能

　　作为世界超级跑车，双涡轮增压V6发动机，炉火纯青的技术使Nissan车系称霸多项赛事，动力强大是其最优秀的一面。

　　日产车的所有部件都是世界顶尖水平的：引擎是有史以来日系量产车中最强的动力系统，G双离合变速器达到了专业赛车手换挡水准，制动系统是与法拉利、保时捷等世界名车共享的。

骊威
Nissan

天籁
Nissan

奇骏
Nissan

Juke
Nissan

玛驰
Nissan

骐达
Nissan

轩逸
Nissan

萨博

9-4X系
Saab

汽车名片

汽车品牌：萨博
英文名称：Saab
成立时间：1937年
总部地点：瑞典特罗尔海坦
生产公司：瑞典国家电动车公司NEVS
经营范围：中高端汽车生产
主要车系：9-3系、9-5系

品牌历史

　　瑞典飞机有限公司是一家军用飞机制造公司。后来与生产载货汽车的斯堪尼亚公司合并了，成为一家生产轿车、卡车、飞机、计算机等产品的综合性集团公司。

　　第二次世界大战后，军用飞机订货减少，公司决定并且将制造飞机的技术和经验运用于汽车生产。因此，他们把卡车、飞机技术融为一身，生产了具有赛车性能的萨博轿车。

9-3X系
Saab

超级性能

　　萨博汽车具有类似飞机的轻质坚固的结构和符合空气动力学的外形。1947年6月，萨博92原型车问世。该车配备二冲程发动机、前轮驱动、安全车身，外形如同飞机的机翼。

　　这一车型是由一群飞机工程师所设计和打造出来的。萨博独特的设计和制造技术突破了原有汽车产业的传统模式，促进了一系列的汽车工业革新。

9-2X系
Saab

Sonett 系
Saab

PhoeniX 系
Saab

9-3 系
Saab

9-5 系
Saab

9-X 系
Saab

9-5 系
Saab

风迪思
Mitsubishi

汽车名片

汽车品牌：三菱
英文名称：Mitsubishi
成立时间：1870年
总部地点：北美
生产公司：日本三菱自动车工业株式会社
经营范围：中高端汽车生产
主要车系：新劲炫ASX、翼神、欧蓝德、帕杰罗劲畅、
蓝瑟、君阁、风迪思、劲炫、戈蓝、
伊柯丽斯、格蓝迪、欧蓝德、
帕杰罗速跑、菱绅

品牌历史

　　三菱汽车公司于1970年从三菱重工业公司独立出来，看起来是一个年轻的汽车公司，但实际上早在1917年其就已经在日本推出成批生产的"三菱A型"轿车。

进口劲炫
Mitsubishi

超级性能

　　多年来，三菱汽车公司以先进的技术和丰富的经验生产出各种汽车。1975年，三菱汽车首创无声的防震差速车轴，从而保证了稳定又安静的行车。

伊柯丽斯
Mitsubishi

新劲炫ASX
Mitsubishi

翼神
Mitsubishi

君阁
Mitsubishi

帕杰罗速跑
Mitsubishi

帕杰罗劲畅
Mitsubishi

蓝瑟
Mitsubishi

世爵 旋转帅气的王子

世爵
Spyker

汽车名片

汽车品牌：世爵
英文名称：Spyker
成立时间：1898年
总部地点：荷兰海伦
生产公司：荷兰世爵汽车公司
经营范围：豪华运动汽车
主要车系：C8系、C12系、D12系

品牌历史

　　世爵生产极品豪华运动汽车，其客户主要集中在美国、西欧、中东以及一些较小的富裕的国家，世爵完全按照客户的要求制造贵族汽车，为其打造身份和品位的象征。

B6
Spyker

超级性能

　　世爵的经典车型 C12，车架是全铝合金车打造的。这款车最快每小时能跑315公里，而百公里时速加速仅需3.8 秒。外形时尚，速度之快，让车迷们对它疯狂追逐。

C12
Spyker

C8
Spyker

C8
Spyker

C12
Spyker

D12
Spyker

C8
Spyker

C8
Spyker

斯巴鲁   汽车界雄狮

森林人
Subaru

汽车名片

汽车品牌： 斯巴鲁
英文名称： Subaru
成立时间： 1953年
总部地点： 日本
生产公司： 日本富士重工业株式会社
经营范围： 中高端汽车生产
主要车系： 森林人、力狮、傲虎、BRZ系、驰鹏、
XV系、翼豹WRX STI系、Levorg、翼豹

品牌历史

　　斯巴鲁生产公司的前身是中岛飞行机株式会社。1917年，热爱飞行的中岛知久平先生创立"飞行机研究所"，专门从事各类飞机的设计研发，后更名为"中岛飞行机株式会社"。

力狮
Subaru

超级性能

　　以精准操控闻名的全驱全能是斯巴鲁的独到之处，作为跨界SUV的领航者，它以优异的性能、宽敞的空间及堪比行政级轿车的丰富配置而独步天下。

　　第4代力狮是斯巴鲁系列汽车之中一款优雅的运动型车，有很强烈的跑车气息。车内做功非常精致，简洁的银色饰片贴面和真皮座椅简单明快。

翼豹
Subaru

傲虎
Subaru

驰鹏
Subaru

Levorg
Subaru

WRX STI 系
Subaru

BRZ 系
Subaru

XV系
Subaru

昊锐
Skoda

汽车名片

汽车品牌：斯柯达
英文名称：Skoda
成立时间：1895年
总部地点：捷克姆拉达·博莱斯拉夫
生产公司：斯柯达汽车公司
经营范围：中端汽车生产
主要车系：明锐、昕锐、昊锐、野帝、晶锐、
　　　　　明锐RS、速尊

品牌历史

　　斯柯达是世界上历史最悠久的四家汽车生产商之一。1991年，斯柯达成为大众集团旗下的品牌。

　　畅销世界的斯柯达，最初是从生产自行车起步的。100多年前，当时公司只有7个人，从事自行车的生产和维修，渐渐才开始生产摩托车和汽车。

进口昊锐
Skoda

超级性能

　　斯柯达汽车以高性价比、坚实耐用、高安全性、优良的操控性及舒适性兼备而成功地打入了欧洲、亚洲、南美洲、非洲等地区，倍受广大消费者的青睐。

晶锐
Skoda

野帝
Skoda

速派
Skoda

昕锐
Skoda

速尊
Skoda

全新明锐
Skoda

明锐
Skoda

 沃尔沃

安全守护神

XC60系
Volvo

汽车名片

汽车品牌：沃尔沃
英文名称：Volvo
成立时间：1927年
总部地点：瑞典哥德堡
生产公司：瑞典沃尔沃集团
经营范围：豪华汽车与专用车型的生产
主要车系：C30系、C70系、V40系、V60系、
　　　　　S60系、S60L系、S80系、
　　　　　XC60系、XC90系

品牌历史

　　沃尔沃集团创建于1927年，是全球领先的商业运输及建筑设备制造商，主要提供卡车、客车、建筑设备、船舶和工业应用驱动系统以及航空发动机元器件。

　　1999年，沃尔沃集团将旗下的沃尔沃轿车业务出售给美国福特汽车公司。2010年，沃尔沃汽车公司被中国浙江吉利控股集团有限公司收购。

V60
Volvo

超级性能

　　沃尔沃汽车凭借优异的质量和性能在北欧享有很高声誉，特别是在安全系统方面，沃尔沃汽车公司更有其独到之处。

C70系
Volvo

S60系
Volvo

V40系
Volvo

S60L系
Volvo

S60系
Volvo

S80系
Volvo

XC90系
Volvo

Tribu
Seat

汽车名片

汽车品牌：西雅特
英文名称：Seat
成立时间：1950年
总部地点：西班牙巴塞罗那
生产公司：西雅特汽车公司
经营范围：中高端汽车生产
主要车系：Tribu、Toledo、mii

品牌历史

　　西雅特汽车公司成立之初，在西班牙汽车市场占有率曾达到60%，到20世纪70年代，其市场占有率下降到33%，亏损严重。

　　1983年，德国大众汽车公司买下了西雅特的大部分股份，与另一合资者——西班牙政府共同经营西雅特汽车公司，现在西雅特属于大众汽车公司的子公司。

Toledo三厢版
Seat

超级性能

　　西雅特的重要特征就是C柱比较细小，但车身高大，车厢宽敞。增加了空调系统。

　　在动力方面，西雅特Leon与大众品牌共享动力系统，全系包括汽油、柴油多款发动机。

伊比飒
Seat

电动概念车
Seat

Toledo
Seat

Mii
Seat

SCE系
Seat

Exige
Seat

电动概念车2
Seat

现代　一丝不苟的执行者

雅尊
Hyundai

汽车名片

汽车品牌：现代
英文名称：Hyundai
成立时间：1967年
总部地点：韩国首尔
生产公司：现代汽车公司
经营范围：中端汽车生产
主要车系：H-1系、2011款伊兰特、
　　　　　第五代雅尊、雅科仕

品牌历史

　　现代汽车公司的历史很短，这个年轻的汽车品牌最初建立时，选择和福特汽车公司合作，由福特公司向它提供生产技术。20世纪70年代，现代开始开发自主车型。

　　现在它是韩国最大的汽车企业，在世界范围排名第六。它的口号是"现代汽车遍布全世界"。目前已经在北美、印度、中国、土耳其设立工厂。

瑞纳
Hyundai

超级性能

　　科技化、现代化、智能化是北京现代的品牌理念。车的整体更人性化，细节更精致，外形更潮流。新款雅科仕有经过升级的前进气格栅，车内更是增添了很多技术，据现代官方称这款雅科仕改款车共增加了30个全新或升级的配置，操控性能以及底盘也做了调整。

途胜
Hyundai

名图
Hyundai

名驭
Hyundai

辉翼
Hyundai

朗动
Hyundai

格锐
Hyundai

悦动
Hyundai

雪佛兰 — 亲民的家庭车

创酷
Chevrolet

汽车名片

汽车品牌：雪佛兰
英文名称：Chevrolet
成立时间：1911年
总部地点：美国底特律
生产公司：美国通用汽车公司
经营范围：大众化汽车生产
主要车系：科迈罗、爱唯欧、景程

品牌历史

　　雪佛兰走过了一百多年的历程，它拥有着令人骄傲的历史和传统。许多当代汽车运用的技术都来自雪佛兰的首创，如最早采用电子点火，最早配备了车载收音机以及自动变速箱。其创新的设计还包括：电动刹车、电动窗、电动座椅、先进的高功率V8发动机、安全气囊等。

马蒂斯
Chevrolet

乐驰
Chevrolet

超级性能

　　雪佛兰的车型广泛，从小型轿车到大型四门轿车，从厢式车到大型皮卡，甚至从越野车到跑车，它都生产。
　　雪佛兰生产的面包车就像一个移动的小家庭，十分实用。它可用于长途旅行，车内安宁、舒适、豪华、功能设施齐全。还有良好的避震系统。

科宝
Chevrolet

科鲁兹
Chevrolet

Onix
Chevrolet

景程
Chevrolet

春分
Chevrolet

赛欧两厢
Chevrolet

C4系
Citroen

汽车名片

汽车品牌：雪铁龙
英文名称：Citroen
成立时间：1915年
总部地点：法国巴黎
生产公司：法国雪铁龙汽车公司
经营范围：中端汽车生产
主要车系：C4系、Survolt、DS3系、C6系

品牌历史

    1912年，雪铁龙发明者开办了"V形齿轮厂"，生产了一批双螺旋齿轮。第一次世界大战后，他审时度势看到家庭汽车的未来，并于1919年建造以自己名字命名的汽车工厂，取名"CITROËN"就是为了纪念当年的齿轮厂。他精心打造雪铁龙这个品牌，终于雪铁龙能达到日产千辆的水平，是一般家庭都可以拥有的经济、舒适的小轿车。

C2系
Citroen

C2 Cross系
Citroen

超级性能

    1920年，雪铁龙车在法国勒芒举行的一次车赛上获得"省油冠军"的称号，使雪铁龙威名远扬，直接促进了雪铁龙的销量增长。截至1920年底，有1.5万辆雪铁龙奔驰于法国的大街小巷。

    同时，雪铁龙公司也是法国最早采用流水线生产的公司，因而在它成立仅仅6年时，年产量即突破10万辆。

C4L系
Citroen

C5系
Citroen

Cactus系
Citroen

DS5系
Citroen

爱丽舍
Citroen

新世嘉
Citroen

EX2008
Infiniti

汽车名片

汽车品牌：英菲尼迪
英文名称：Infiniti
成立时间：1989年
总部地点：中国香港
生产公司：雷诺-日产汽车公司
经营范围：高端汽车生产
主要车系：GT-R系、JX系、LE系、Q50系

品牌历史

英菲尼迪于1989年诞生于北美地区。凭借独特前卫的设计、出色的产品性能和贴心的客户服务，英菲尼迪迅速成为全球豪华汽车市场中最重要的品牌之一。

2007年，英菲尼迪正式登陆中国；2010年7月，英菲尼迪中国事业总部成立；2012年5月，英菲尼迪将全球总部迁至香港。目前，中国已成为英菲尼迪继北美之后的全球第二大市场。

M系
Infiniti

超级性能

英菲尼迪汽车采用业内领先的连续可变气门升程系统，在不同转速下可以无级调整进气门的开启量，大大提高了燃油效率，在保证强劲动力输出时，发动机还兼备低排放、低油耗的特点。另外，它的马达声也极为悦耳。这些特点，使得它的发动机成为尖端科技的佼佼者。

Emerg-E
Infiniti

Etherea
Infiniti

EX30系
Infiniti

FX限量版
Infiniti

JX系
Infiniti

Q60系
Infiniti

Q60S系
Infiniti

 中华

传统的传承

骏捷FRV系
Zhong Hua

汽车名片

汽车品牌：中华
英文名称：Zhong Hua
成立时间：2002年
总部地点：中国沈阳
生产公司：华晨汽车集团控股有限公司
经营范围：中高端汽车生产
主要车系：V5系、H330系、H530系、
　　　　　H230系、骏捷、H320系、尊驰

品牌历史

华晨中华是华晨汽车集团的轿车子品牌，华晨集团早在1997年就开始为生产中华轿车作积极准备了，经过不断的技术改进，品牌汽车质量越来越好。

H330系
Zhong Hua

超级性能

新中华轿车与宝马轿车在涂装线和总装饰线检测、质量体系检测等方面实现共线生产，全面采用了宝马生产工艺中的质量控制标准及体系，从而使新中华的品质在根本上有了提高。

H530系
Zhong Hua

Wagon
Zhong Hua

酷宝
Zhong Hua

H230系
Zhong Hua

骏捷PSV
Zhong Hua

Cross
Zhong Hua

H320系
Zhong Hua

中华

索引 ▶ 以汽车品牌诞生地为序

澳大利亚（Australia）

霍顿 ································· 56

中国（China）

比亚迪 ································· 20
长城汽车 ······························ 32
红旗 ································· 54

奇瑞 ································· 98
中华 ································· 126

捷克（Czech Republic）

斯柯达 ································· 112

法国（France）

标致 ································· 22
布加迪 ································· 30

雷诺 ································· 74
雪铁龙 ································· 122

德国（Germany）

奥迪 ································· 10
宝马 ································· 12
保时捷 ································· 14
奔驰 ································· 16

博速 ································· 28
大众 ································· 36
迈巴赫 ································· 88
欧宝 ································· 94

意大利（Italy）

阿尔法·罗密欧 ·············· 6

法拉利 ·············· 40

菲亚特 ·············· 42

兰博基尼 ·············· 66

蓝旗亚 ·············· 68

玛莎拉蒂 ·············· 84

日本（Japan）

本田 ·············· 18

丰田 ·············· 44

铃木 ·············· 80

马自达 ·············· 86

日产 ·············· 102

三菱 ·············· 106

斯巴鲁 ·············· 110

韩国（Korea）

大宇 ·············· 34

起亚 ·············· 100

现代 ·············· 118

荷兰（Netherlands）

世爵 ·············· 108

西班牙（Spain）

西雅特 ·············· 116

瑞典（Sweden）

萨博 ················· 104

沃尔沃 ················· 114

英国（United Kingdom）

阿斯顿·马丁 ············· 8

宾利 ················· 26

捷豹 ················· 60

劳斯莱斯 ············· 70

莲花 ················· 76

路虎 ················· 82

迷你 ················· 90

名爵 ················· 92

美国（United States）

别克 ················· 24

道奇 ················· 38

福特 ················· 46

福特雷鸟 ············· 48

福特野马 ············· 50

悍马 ················· 52

吉普 ················· 58

凯迪拉克 ············· 62

克莱斯勒 ············· 64

雷克萨斯 ············· 72

林肯 ················· 78

讴歌 ················· 96

雪佛兰 ················· 120

英菲尼迪 ·············124